男声合唱アルバム

ペルホネンのレター

minä perhonen 詩

相澤直人 曲

カワイ出版

男声合唱アルバム
ペルホネンのレター

　ミナ ペルホネンの皆川さんの詩は、やさしく、あたたかく、私たちの何気ない日常にとても近いところにあります。心が荒んだとき、気持ちがネガティブなとき、そっと寄り添ってくれて元気づけてくれるかのようです。皆川さんからのメールマガジンに1篇ずつ寄せられるこれらの詩に因んで、「ペルホネンのレター」とタイトルを名付けさせていただきました。それにしても、靴下やほぼ日手帳のカバーなどでミナ ペルホネンの存在を知っておりましたが、このようなステキな詩に出会うことができたことは、駿河台倶楽部の皆さんとの出会いがあったからこそです。

　この作品は、「塩野静一記念男声合唱振興基金」から委嘱され、明治大学グリークラブOB会合唱団駿河台倶楽部によって初演されました。

　出会い。そう、委嘱のお話を頂戴し、ミーティングを持った際にこれらの詩が候補の第一として提案され、すぐに無伴奏の大きくないサイズの作品集を作ろうと心に決めました。そして、タイミングよく駿河台倶楽部の皆さんの生演奏に接する機会があり、いわゆるパワー型の合唱ではなく、センスよく楽曲をチャーミングに魅せている姿を目の当たりにしたことが、作品のスタイルを決定づけたと思います。耳に残るその感覚を踏襲しながら、様々な曲のテイストや、前後関係、1ステージのドラマとしての魅力、などがある種の即興性を軸としながら順に作曲されていったのです。以下、演奏のヒントに、作曲をした際の一言メモを付記します。

＜ 全体の風景 ＞

・気難しくない（詩と同じような即興性。日常に近い、心に寄り添う音楽。）

・難しくない（譜面の見た目で驚かせない。）

・長くない（メルマガに掲載されているオシャレさ、ある種の気軽さを壊さない。）

・常に洒落っ気を（自分の好きな和音をふんだんに取り入れる。）

「大 切」：シンプルな和声感を外さず、愛情たっぷりに歌いあげる楽曲。

　　　　　A dur（イ長調）は、憧れと祈り。

「ひっそりと」：無調的な C dur（ハ長調）と c moll（ハ短調）での決意、気付き。そして振り返り。

「何も無い」：その空虚感を C dur で諧謔的に歌う。大きな予感って、そんな何気ないところ、

　　　　　何も無いところから。

「０」：ゼロの割にギュッと高密度な和音に閉じ込めてみた。

　　　　　ゼロには夢も希望もいっぱい詰まっているのだから。

「happy happens」：いけてるオジサマ専用の愛唱用鼻歌。これを口ずさむと良いこと起こりそう、な。

「冬の願い事」「友と月」：この曲集の中にあって、やや規模の大きな作品。

　　　　　2曲のバラードに共通して感じられる短調的な響きは、決して後ろ向きなものではなく、思慮の深さ、願いの深さである。そしてそれは、いつか訪れる長調への憧憬を見、その未来を約束しているものである。

2018年12月

相澤直人

男声合唱アルバム
ペルホネンのレター

1. 大 切 .... [2分15秒] 5
2. ひっそりと .... [1分35秒] 8
3. 何も無い .... [1分35秒] 10
4. 0（ゼロ） .... [1分25秒] 13
5. happy happens .... [1分45秒] 18
6. 冬の願い事 .... [3分30秒] 21
7. 友と月 .... [3分30秒] 26
　　詩 30

●全曲の演奏時間＝約 15 分 35 秒

皆様へのお願い
楽譜や歌詞・音楽書などの出版物を権利者に無断で複製（コピー）することは、著作権の侵害（私的利用など特別な場合を除く）にあたり、著作権法により罰せられます。また、出版物からの不法なコピーが行われますと、出版社は正常な出版活動が困難となり、ついには皆様方が必要とされるものも出版できなくなります。
音楽出版社と日本音楽著作権協会（JASRAC）は、著作者の権利を守り、なおいっそう優れた作品の出版普及に全力をあげて努力してまいります。どうか不法コピーの防止に、皆様方のご協力をお願い申しあげます。
カワイ出版
一般社団法人　日本音楽著作権協会

携帯サイトはこちら▶
出版情報＆ショッピング　カワイ出版ONLINE　http://editionkawai.jp

委　嘱　明治大学グリークラブ OB 会塩野静一記念男声合唱振興基金
初　演　2018 年 8 月 11 日　東京芸術劇場 コンサートホール
　　　　《第 10 回東京六大学 OB 合唱連盟演奏会》
　　　　指　揮：相澤直人
　　　　合　唱：明治大学グリークラブ OB 会合唱団 駿河台倶楽部

※塩野静一記念男声合唱振興基金は、1996 年に 45 歳の若さで亡くなった塩野静一氏（明治大学グリークラブ 1973 年度学生指揮者）が、死を覚悟する中で、素晴らしい男声合唱曲が生まれてくることを願って、グリークラブで共に過ごした人たちに託した資金と熱い思いを基に、1997 年に設置されたものです。

1. 大切

minä perhonen 詩
相澤直人 曲

2. ひっそりと

minä perhonen 詩
相澤直人 曲

3. 何も無い

minä perhonen 詩
相澤直人 曲

4. O （ゼロ）

minä perhonen 詩
相澤直人 曲

5. happy happens

minä perhonen 詩
相澤直人 曲

6. 冬の願い事

minä perhonen 詩
相澤直人 曲

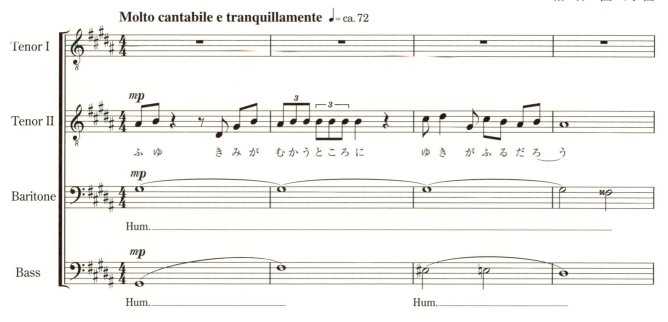

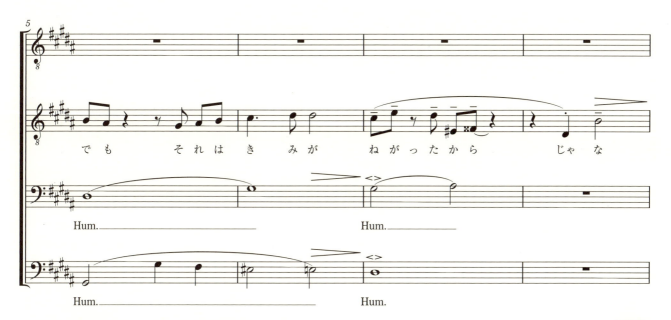

7. 友と月

minä perhonen 詩
相澤直人 曲

Gentle Ballad With Rubato ♩= ca.36

ペルホネンのレター

minä perhonen

1. 大 切

大切なこと。
それは誰かと繋がっているということ。
私の困惑に遠くのあなたが
助けに奔走してくれていること。
私にはかけがえのない
大切なこと。
私もあなたにそうします。

2012.1/5

2. ひっそりと

真実
事実
現実

嘘
架空
空想

大切なものは
どれにもあるんだ。
見えるか
見えないか。

見るか
見ないか。

大切なものは
ガラクタと一緒にいる。

見失いやすく
ひっそりと。

2012.3/22

3. 何も無い

夢も希望も
何も無い
時も形も
何も無い

空っぽの正体
それは予感だった
何も無いから
生まれる
何か

2017.6/20

4. 0（ゼロ）

真新しいゼロ。
始まるというエネルギーが
そのゼロにいっぱい いっぱい
つまっているのだろう。
心が踊ってしかたない。
さぁ、始まった。
真新しい時。
いつものゼロ。

2012.1/1

5．happy happens

happy happens
happy happens

うれしい風の吹く日には

happy happens
happy happens

淋しい森に行く日には

happy happens
happy happens

北の森へ飛んでった
小鳥のヘリンに教わった
私の好きな
おまじない。

2012.8/2

6．冬の願い事

冬、
君が向かうところに
雪が降るだろう。
でもそれは君が願ったから
じゃない。
雪が降る道理があったからさ。
それでも君が雪を見たかったのなら
君が願ったからだと君は思うだろう。
勝手なもんさ
願い事なんて。

2011.12/8

7．友と月

友と
月を眺める
上を向き
やがて寝ころび
過去と未来を往き来して
語らい尽きぬ

満月に及ばぬ
その不完全なマドカこそ
これから迎える生命の灯りなのだ

2016.7/19

相澤直人 合唱作品

（混声合唱）　　　　　　　　　　　　　　　　　　　　　　　　　グレード

歌われて	谷川俊太郎 作詩	A4判 40P	中級
私の窓から	みなづきみのり 作詩	A4判 48P	中級
風にのれ、僕らよ	みなづきみのり 作詩	A4判 36P	中級
小さな愛、4色	みなづきみのり 作詩	A4判 20P	中級
なんとなく・青空	工藤直子 作詩	A4判 48P	中級
詩ふたつ	長田 弘 作詩	A4判 36P	中〜上級
相澤直人ア・カペラ作品選集　混声篇		A4判 52P	中級
天使、まだ手探りしている	谷川俊太郎 作詩	A4判 32P	中級
いのちの朝に	栗原 寛 作詩	A4判 36P	中級
虹を見つけた	みなづきみのり 作詩	A4判 36P	中級
Gloria ［「深き淵より」に収録］		A4判 36P	中級
Hey 和（編曲）		A4判 16P	中級
ありがとう［3部／4部］（編曲）		A4判 16P	初〜中級
思い出のアルバム（編曲）		A4判 40P	中級

（女声合唱）

やかもち抒情	大伴家持 作詩	A4判 24P	中級
みえない手紙	工藤直子 作詩	A4判 20P	中級
くじけな	枡野浩一 作詩	A4判 44P	中級
相澤直人ア・カペラ作品選集　女声篇		A4判 36P	中級
誰にもいわずに	金子みすゞ 作詩	A4判 32P	初〜中級
5つの小さな愛のうた	みなづきみのり 作詩	A4判 24P	中級
窓よりゆめを	栗原 寛 作歌	A4判 32P	中級

（男声合唱）

天使、まだ手探りしている	谷川俊太郎 作詩	A4判 12P	中級
ペルホネンのレター	minä perhonen 詩	A4判 32P	中級

（合唱その他）

合唱エクササイズ アンサンブル編1〜3	B5判 32P	初級
合唱エクササイズ 指揮編1・2（相澤直人・名島啓太 共著）	B5判 32P	初〜中級
合唱エクササイズ ニュアンス編	B5判 32P	中級

男声合唱アルバム **ペルホネンのレター** 　minä perhonen 詩／相澤直人（あいざわなおと）曲

●発行所＝カワイ出版（株式会社 全音楽譜出版社 カワイ出版部）
　〒161-0034 東京都新宿区上落合 2-13-3　TEL 03-3227-6286／FAX 03-3227-6296
　出版情報 http://editionkawai.jp
●楽譜浄書＝中野隆介　●製作＝NHKビジネスクリエイト

2019年2月1日 第1刷発行

ⓒ 2019 by edition KAWAI, a division of Zen-On Music Co., Ltd.
●楽譜・音楽書等出版物を複写・複製することは法律により禁じられております。落丁・乱丁本はお取り替え致します。
　本書のデザインや仕様は予告なく変更される場合がございます。
ISBN978-4-7609-1956-7